MAX KRUSE

Das Alphabet der kleinen Freuden

Inhalt

Anfangen   7

Briefe 11

Charme 15

Denken 19

Erinnerung 23

Freundschaft 27

Gedichte 31

Hoffnung 35

Interesse 39

Jugend 43

Küssen 47

Lesen 51

Morgen 55

MAX KRUSE

Das Alphabet der kleinen Freuden

THIELE  VERLAG

Nachgeben 59

Opfern........................ 63

Pfeifen....................... 67

Quatschen 71

Reisen 75

Sehen......................... 79

Schweigen..................... 83

Trinken....................... 87

Unterhaltung 91

Versuchen..................... 95

Wünschen 99

Zärtlichkeit 103

Anfangen

Im Grunde ist es so oder es sollte doch so sein:

Wir beginnen jeden Tag das Leben neu. Das klingt so einfach und selbstverständlich, ist es aber leider nicht.

Anfangen ist eine Kunst. Es bedeutet, dass man fähig ist, das Vergangene vergangen sein zu lassen, dass man es hinter sich wirft, keinen Gedanken mehr daran verschwendet, den Blick nur nach vorn richtet.

Nur dann, wenn man diese Kunst wirklich beherrscht, liegen alle Möglichkeiten wieder vor einem.

Nichts ist verloren, verschüttet, was wir früher getan und geleistet haben. Es hat uns geformt. Es hat uns reifer und fähiger gemacht. Es ist uns zugewachsene Erfahrung und erworbenes Können. Eine große, reiche Substanz, aus der wir schöpfen.

Im Übrigen aber ist alles neu.

Nichts war vertan, verfahren, vergeblich. Im Anfang liegt jede Chance.

Im Immer-wieder-neu-beginnen-Können liegen alle Möglichkeiten des Lebens, Tag für Tag und Stunde für Stunde. Es ist so, als ob man ein Buch zu schreiben beginnt. Alle Seiten sind leer. Sie sind weiß. Jede Möglichkeit liegt vor uns. Nun kommt es darauf an, welches das erste Wort ist, das wir schreiben. Es bedeutet noch wenig. Die Reise kann überall hingehen, ins Weite, Freie. Es kommt nicht mehr darauf an, was hinter uns liegt. Die Zukunft wird immer neu entschieden. Und immer heute.

Im Neubeginn liegt die Kraft. Anfangen können, ohne an frühere Fehlschläge zu denken, nein, überhaupt ohne jede Bedenken immer wieder neu zu beginnen, darin liegt das Geheimnis eines erfolgreichen und glücklichen Lebens. Es darf uns nicht mehr kümmern, was gewesen ist. Wir beginnen, indem wir einen großen roten Strich unter das Vergangene ziehen.

Jetzt ist der Blick wieder klar und ungetrübt. Wir wissen, wir haben jede Möglichkeit.

Jetzt.

In diesem einen, wunderbaren Augenblick.

Briefe

Je älter man wird, desto lieber liest man Tagebücher, Memoiren und Briefe bedeutender Menschen. Lieber vielleicht sogar als Romane. Im Brief, der stets an ein Gegenüber gerichtet ist, drücken sich die Menschen am persönlichsten aus, mit dem ganzen Reichtum ihres Herzens, manchmal nur in wenigen Worten.

Wie ist das, wenn man einen Brief schreibt? (Wir verlernen es ja leider.) Was ist es, dass man sich dieser Mühe unterzieht, sich an den Tisch setzt und Wort für Wort und Zeile für Zeile niederschreibt, um einem anderen von sich und seinem Tag, von seinen Gedanken und Gefühlen, von seinem Alltag, seinen Sorgen und Freuden zu erzählen?

Es ist ja ganz still. Vielleicht läuft im Hintergrund Musik, aber derjenige, der schreibt, wird ganz gewiss nicht richtig zuhören. Wer einen Brief schreibt, ist konzentriert. Seine Aufmerksamkeit gilt ungeteilt dem Satz, den er schreibt, und dem Empfänger, für den er schreibt.

Er wendet sich einem anderen zu, der in der Ferne ist. Er schreibt, weil der andere entfernt ist und er nicht mit ihm sprechen kann.

Kann man nicht mit ihm sprechen?

Es gibt das ja auch, dass man einen Brief schreibt, obwohl der Empfänger Wand an Wand mit einem wohnt. Aber das bedeutet eben auch: Er ist uns innerlich entfernt, wir können uns ihm anders als auf dem Papier nicht mitteilen.

Der Brief, also das geschriebene Wort hat ein anderes, ein größeres Gewicht als das gesprochene Wort. Man kann es, da man es »schwarz auf weiß« besitzt, getrost nach Hause tragen, wie Goethes Faust sagte. Man liest auch aufmerksamer, als man zuhört. Gespannt hält man das verschlossene Kuvert in der Hand:

Was wird es enthalten?

Man misst dem Brief mehr Bedeutung zu, kann ihn wieder und wieder lesen, aufheben, nach Jahren noch einmal hervorholen. Wer erinnert sich nicht der ersten Liebesbriefe, die er erhielt. Sie waren schöner als Blumen.

Manchmal ist es sicher besser, dieses selige Gestammel im Schoße des Vergessens ruhen zu lassen.

»Darüber war ich einmal glücklich?«, fragt man beklommen und verwundert.

Nun, es genügt ja, dass man einmal glücklich war. Wir sollten uns immer wieder Briefe schreiben, um uns glücklich zu machen.

Charme

Charme ist ein Schmetterling. Er flattert über Wiesen und Wälder.

Charme ist auch ein Leuchten, ein Licht, das über die Dinge fließt.

Charme ist nicht an das Alter gebunden. Gewiss gibt es einen Charme der Jugend. Man könnte auch sagen, die Jugend ist in sich selbst oder aus sich heraus charmant. (Obwohl es durchaus auch uncharmante Jugendliche gibt.)

Bei Kindern ist es etwas anderes. Es gibt kaum ein Kind, das nicht seinen Charme hätte. Oder halt, wir nähern uns dem Kern der Frage:

Der Charme des Kindes kann verloren gehen, wenn es sich seiner selbst bewusst wird.

Es scheint so, als ob sich Charme mit dem Bewusstsein verflüchtigte. Mindestens mit dem Sich-seines-Charmes-bewusst-Werden. Denn Charme, wenn er echt ist, ist unbewusst. Man kann ihn nicht wollen, man kann ihn nicht kultivieren, man kann ihn nicht pflegen. Er muss da sein, so selbstverständlich wie eine Blume, oder – und damit kommen wir an den Anfang zurück – wie ein Schmetterling.

Charme, sagte ich, ist nicht an das Alter gebunden, denn es gibt wahrhaftig sehr charmante alte Leute, Frauen, Greise. Deren Charme mag von anderer Art sein, als der eines jungen Menschen. Er ist reifer, lebenserfahrener, von Schicksalen geprägter.

Aber er verzaubert gleichermaßen.

Charme ist Verzauberung. Charme ist etwas, das von einem Wesen ausgeht und auf ein anderes Wesen überspringt, es erfreut, heiter macht, dazu anregt, selbst herzlich und strahlend zu sein.

Charme ist das Menschenglück, das von einem anderen kommt und dem man sich nicht entziehen kann. Dabei muss der Charmante selbst gar nicht einmal so sehr glücklich sein. Er muss nur glücklich zu sein scheinen. Es ist die Freundlichkeit seines Herzens, die ihn charmant sein lässt.

Man könnte vielleicht sagen: Charme ist das Strahlen des Charakters, Charme ist das Lächeln des Wesens.

Und von charmanten Menschen umgeben zu sein – welch ein Glück!

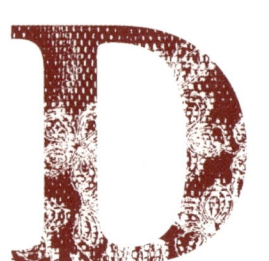

Denken

Denken ist ein Vorgang. Es geht etwas in uns vor.

Etwas bewegt sich, bleibt nicht auf der gleichen Stelle, drängt zu einem Ziel, zu einem Ergebnis. Wenigstens sollte es das.

Denken ist ja eben nicht jenes wirre Gemisch aus Empfindungen und Worten, das wir wohl auch »Gedanken« nennen und das ununterbrochen in unserem Kopf stattfindet, dem wir nicht, niemals, entkommen können, es sei denn im tiefen Schlaf. Aber selbst da überfällt es uns in der veränderten Form von Träumen.

Ein Gedanke, den man nicht klar formuliert aussprechen, besser noch: niederschreiben könnte, verdient es nicht, so genannt zu werden.

Denken sollte der Zustand äußerster geistiger Klarheit sein, ein Voranschreiten von Frage zu Antwort, ein Ausloten aller Möglichkeiten und – das ist das Sonderbare:

Ganz schnell stoßen wir an die Grenze unserer Möglichkeiten. Dann fällt uns nichts mehr ein, wir glauben, alles sei gedacht, alles sei gesagt. Aber man lasse nur einmal verschiedene Menschen über dasselbe Thema nachdenken, man wird sich wundern, was denen alles noch eingefallen ist. Denn wahrscheinlich gibt es überhaupt kein Ende der Denkmöglichkeiten.

Richtiges, logisches Denken befreit, es gibt Kraft, es klärt die Probleme, auch die scheinbar unlösbaren.

Vielleicht lassen sich nicht alle Gedanken gleich in Entschlüsse und Taten umsetzen. Aber sie weisen den Weg dorthin. Es gibt nichts Befreienderes, als sich selbst klar zu werden durch Denken. Wie so oft spricht auch hier die Sprache eine tiefe Wahrheit aus.

Der französische Philosoph Descartes sagte:

»Ich denke, also bin ich.«

Er meinte, wir seien nur dann wirklich auf der Erde, nur dann wirklich am Leben, wenn wir denken. Denken ist geradezu die Voraussetzung unserer Existenz. Es macht uns bewusst, dass wir sind, und indem es uns bewusst wird, sind wir.

Denken ist nicht nur eine der größten Beglückungen, die wir haben, es ist das Leben selbst.

Erinnerung

Wir blicken zurück auf ein gelebtes Leben.

Es ist seltsam mit der Erinnerung, sie geht so willkürlich mit den vergangenen Tagen um. Einige Stunden, Ereignisse, Menschen lässt sie nie mehr los, stellt sie uns klar und lebhaft vor Augen. Andere stößt sie zurück in ein Dunkel, aus dem sie nie mehr auftauchen.

Plötzlich erinnern wir uns an einen ganz nebensächlichen Namen, dann wieder fällt uns sogar der eines guten Freundes kaum noch ein. Vielleicht sehen wir sein Gesicht noch vor uns, das ist aber auch alles.

Obwohl behauptet wird, dass wir uns an alles gut zu erinnern vermögen, für das wir uns einmal stark interessiert haben oder an dem wir gefühlsmäßig sehr beteiligt waren, und obwohl das sehr oft stimmt, ist eben auch das Gegenteil richtig und das Nebensächliche bleibt in unserem Gedächtnis haften.

Wahr ist, dass unsere Erinnerung zu unserem größten, unverlierbarsten Besitz zählt. Wir wären nichts ohne sie, Wesen ohne Vergangenheit, Geschöpfe ohne Wurzeln, vielleicht sogar Menschen ohne jede Erfahrung, ohne Wissen.

Die Erinnerung kann uns helfen, eine schlimme Zeit zu überstehen, sie erhellt unsere trüben Tage. Es gibt Menschen, die können so stark in ihrer Erinnerung leben, dass sogar die Toten für sie nicht tot sind. Sie pflegen täglichen Umgang mit ihnen, sprechen in der Erinnerung miteinander, sind mit ihnen vertraut, nicht allein.

Das müssen keine Sonderlinge sein, die ihre Gegenwart vergessen. Ich kannte das Gegenteil: Eine alte Dame, die immer ganz präsent, ganz stark in der Gegenwart lebte, stärker als wir Jüngeren, und die dennoch von ihrer Vergangenheit auf die lebendigste Weise umgeben war, fest überzeugt davon, dass nichts wirklich vergangen ist, sondern irgendwo weiterlebt.

Sie bewegte sich ganz sicher in der täglichen Gegenwart des längst Vergangenen. Sie war glücklich. Sie hatte nichts wirklich verloren und gewann alles täglich neu.

Freundschaft

Was uns ein guter Freund, männlich oder weiblich, bedeutet, bedarf eigentlich gar keiner Erwähnung. Wir alle wissen es nur zu genau:

Ohne Freunde wäre unser Leben nichts, wir wären arm, wir wären verloren.

Das begann schon in unseren Kindertagen, die immer auch Zeiten starker (oft wechselnder) Freundschaften waren, wo Freundschaften oft wichtiger waren als das Zuhause, als die Familie. Und so setzte es sich fort, unser ganzes Leben, wenn es ein gutes, ein glückliches Leben war.

Denn ein Leben ohne starke Freundschaften ist arm. Es ist arm vor allem am eigenen Herzen, an der eigenen Liebes- und Ausstrahlungsfähigkeit.

Die Freundschaft ist (nicht nur, aber auch) ein Widerschein unseres eigenen Wesens. Wo wir nichts zu geben in der Lage sind, keine Wärme, kein Interesse, keine Hilfe, da kommt uns selber auch nichts entgegen, oder wenn es uns entgegengekommen ist, anfangs, wird es rasch wieder erlahmen und zur Gleichgültigkeit werden.

Freundschaften entstehen durch Interesse, durch Teilnahme, durch liebevolle Zuwendung.

Freundschaft bedeutet, zuhören zu können, wenn der Freund sprechen möchte, sie bedeutet, Antworten zu geben, wenn der Freund eine Antwort braucht, und sie bedeutet genau so gut, miteinander schweigen zu können.

Vielleicht ist dies sogar das beste Zeichen für eine tiefe Freundschaft, dass man miteinander still sein kann, über lange, lange Zeit, und sich dennoch geborgen und verstanden fühlt. Man kennt sich so gut, dass man weiß, was man denkt, oder noch viel wichtiger, dass man dasselbe fühlt, dass man in der gleichen Minute, mit ihrem Licht, mit ihrer Stimmung, auf ganz ähnliche Weise empfindend reagiert.

Freundschaft ist fast mehr als Liebe. Ihr fehlt das Begehren, der Anspruch. Aber die höchste Form der Liebe ist, wenn die Liebenden auch Freunde geworden sind. Das kommt vor. Dann ist das Beste gewonnen.

Gedichte

Sie sind ein wenig aus der Mode gekommen. Aber es scheint so, als kämen sie langsam auch wieder in Mode.

Vielleicht kamen sie aus der Mode, weil sie so streng geworden sind. Unsere Dichter (und ihre Kritiker, die sie beeinflussten) misstrauten den Gefühlen und den schönen Worten. Mit einem gewissen Recht.

Doch auf diese Weise wurden Gedichte zu komponierten Wortgebilden, erfassbar nur mit dem Verstand, mit Verstandesarbeit, verschlüsselte Wortketten.

Mag sein, dass wir uns daran gewöhnt haben und diese zu lesen und zu verstehen lernten; mag aber auch sein, dass unsere Dichter allmählich wieder zu stärkerer Anschauung, zu Bildern, ja sogar zu Gefühlen zurückkehrten.

Ich jedenfalls möchte ohne Gedichte nicht leben. Sicher, sie sind uns mal ferner, mal näher. Die große Zeit des Gedichtes liegt bei den meisten Menschen in der Zeit ihrer Pubertät, dann, wenn alle Gefühle aufbrechen und wir alle (ach, wie kurz nur!) kleine Genies sind.

Mag sein, dass damals das Gedicht war, was heute der Song ist, der Rhythmus, der Sound.

Wahr ist jedenfalls eines, und dies gilt auch noch heute: Je stärker unser Gefühl angesprochen ist, umso heftiger lieben wir ein Gedicht. Goethe, Trakl, Rilke, Hesse, ich will nicht mehr Namen nennen, denn ich käme ins Uferlose.

Der Zeit eines eigenen Verstummens folgt nun wieder eine Zeit der Rückkehr zum Gedicht. Es wird klar, dass etwas fehlt, dass etwas versäumt wurde.

William Shakespeare beginnt seine Komödie »Was ihr wollt« mit den Versen: *Wenn die Musik der Liebe Nahrung ist, spielt weiter …*

Wie wunderbar! In Abwandlung möchte ich sagen: *Wenn das Gedicht der Seele Nahrung ist …*

Ich glaube, das ist es: der Seele Nahrung. Nicht zu beschreiben.

Diese ganz bestimmte Folge von Wort, Reim, Rhythmus.

Wenn Gottfried Benn schreibt: *Der Sommer stand und lehnte, und sah den Schwalben zu …* und wir empfänden dabei nichts, nicht eine ganz neue, zu Herzen gehende Wahrheit, ein Gefühl, das wir eben nicht aussprechen können, nicht einmal aussprechen sollten, dann wäre uns nicht zu helfen.

Hoffnung

Hoffnung: freundliche Schwester! Noch in der bittersten Stunde reicht sie uns die Hand, tröstet uns, weist uns einen Weg. Erst ohne sie wären wir wahrhaft verloren.

Unsere Hoffnung ist unser Anker in der Zukunft, der Wunsch, den wir voraussenden in das andere Land und an dem wir uns wieder herausziehen aus dem Sumpf unseres Kummers.

Hoffnung ist eine Kraft des Herzens, das Unzerstörbare in uns, manchmal vielleicht sogar ganz irrational, ganz unvernünftig. Aber dennoch so notwendig wie die Luft zum Atmen, oder wie eine wirksame Medizin.

Hoffen hat nichts damit zu tun, sich Illusionen zu machen. Manchmal ist die

Hoffnung sogar kaum spürbar, kaum aussprechbar, ein letztes kleines Licht, das irgendwo im Dunkel unserer Seele noch leuchtet.

»Es wird nichts so gut, wie man gehofft, aber auch nichts so schlimm, wie man befürchtet hat«, soll der Alte Fritz gesagt haben. Und es ist merkwürdig, dass die Hoffnung in diesem Ausspruch gerade in dem Nachsatz liegt, der nicht von ihr, sondern von der Befürchtung spricht.

Es wird nichts so schlimm, wie man befürchtet hat, es wird schon nicht so schlimm werden – darin liegt Hoffnung.

Es sind gerade die kleinen Hoffnungen, von denen ich spreche. Die Hoffnungen des Alltags, unseres täglichen Lebens, nicht die große Hoffnung auf Gott und seine Gnade nach dem Tode, obwohl diese gewiss die größte Kraft ist, die einem

Menschenwesen zum Leben geschenkt werden kann.

Aber in der Regel sind es die kleineren Hoffnungen, die uns Tag für Tag wieder aufrichten, mutiger, ja, lebensmutiger machen, die uns Misslichkeiten und Schlimmeres ertragen lassen.

Hoffnung ist das einzige wirklich sichere Heilmittel bei Niedergeschlagenheit, bei Depressionen und Traurigkeit, deswegen sollte man sich darin üben zu hoffen.

Lernt hoffen!

Diesen Satz sollte man groß über unsere Herzen und über unsere dunklen Nächte schreiben. Man kann es lernen, auch durch Wünschen und indem man absieht von seinem gegenwärtigen Kummer und an das künftige Gute glaubt. Man zieht es dann herbei. Das ist sicher.

Interesse

Als ich noch ein kleiner Junge war und in die Schule ging, war ich erstaunt, dass ein so »interessantes«, durch keine andere Bezeichnung zu ersetzendes Wort wie Interesse aus dem Lateinischen kommt. *Inter-esse* heißt aber nichts anderes als: dabei oder dazwischen sein.

Ich interessierte mich ja brennend für so vieles, und natürlich interessierte ich mich am meisten für alles, was irgendwie auch nur im Entferntesten mit mir zusammenhing. Ich war mir selbst höchst interessant.

Und das hieß nun nur, dass ich bei mir war, gewissermaßen zwischen mir, oder ganz in *Winnetou* oder in *Kara Ben Nemsi*.

Aber war da nicht doch noch etwas anderes?

Ich war ja hier, und der Gegenstand meines Interesses war doch etwas Zweites.

Doch wie immer sich dieses Phänomen auch erklärte – solange ich mich interessierte, solange litt ich nicht an Langeweile. Solange ich mich interessierte, solange litt ich überhaupt nicht. Ich mochte wohl krank sein, mich mochte sogar etwas schmerzen, aber sobald es mich interessierte: »Wie war das, woher kam das, wie konnte das überhaupt sein?« und vor allem: »Wie ging es weiter?« waren meine Kümmernisse verflogen.

Welch ein Heilmittel! Der grässlichste Mensch verlor seinen Schrecken, wenn ich mich für ihn interessierte. Das hässlichste Gesicht konnte zu einem interessanten Gesicht werden.

Alles beschäftigt uns gleichermaßen. Unser Verstand setzt sich in Bewegung und erfasst den Gegenstand unseres Interesses. Er dreht und wendet ihn nach allen Seiten, er untersucht ihn. Mit aller Konzentration sind wir bei ihm, auf ihn zu gespannt, ganz ohne den Wunsch, etwas möge sich so oder so entwickeln – nur *wie* es sich entwickelt, das möchten wir wissen, mit ansehen, erleben.

Natürlich dürfen wir trotzdem hoffen, aber das ist nicht das Wesentliche am Interesse. Interesse ist ruhige, aufmerksame Beobachtung, ist die Kraft lebendiger Teilnahme und eines der besten Mittel gegen Kümmernisse, Enttäuschung, Beleidigungen und vieles andere mehr.

»Das ist interessant«, sage ich, und damit verliert es seinen Schrecken.

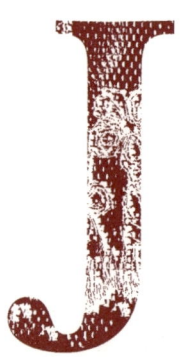

Jugend

Wir können sie nicht zurückzaubern. Der zugleich schwierigste als auch glücklichste Zustand im Leben, er geht unwiederbringlich verloren.

Alles ist voller Hoffnung, sollte es sein. Alles packen wir mit großem Schwung an. Die Zeit, die sich vor uns ausbreitet wie ein endloser Sommertag, ist grenzen- und uferlos. Sie bedeutet uns wenig, weil wir übergenug davon zu haben glauben.

Ich zögerte ein wenig, als ich die Jugend die »schwierigste« Zeit nannte, obwohl das eine viel vertretene Meinung ist. Die schwierigste Zeit ist wahrscheinlich immer die, in der wir gerade leben. Aber dass die Jugend ihre Ängste und lebensbedrohlichen Stürme, ihre Verzweiflung hat, wer könnte das leugnen?

Dennoch, wenn wir von »Jugend« sprechen, dann meinen wir das ja nicht. Dann sind wir voll Wehmut, dass sie vergangen ist.

Nur wenige Menschen sagen: Ich möchte nie wieder jung sein. Noch einmal jung zu sein, wünschen wir uns wohl alle und setzen dann etwas leiser hinzu: aber mit der Erfahrung von heute.

Frische, Kraft, Unbekümmertheit: Das scheint uns Jugend zu sein. Sogar ein wenig Bedenkenlosigkeit. Es sind glückliche Menschen, die sich diese Eigenschaften bis in ihre reiferen Jahre bewahrt haben, wenigen gelingt es bis ins hohe Alter. Aber tatsächlich können wir in diesem Sinne immer jung sein. Wir sind es auch dann, wenn wir uns anderen teilnehmend und voller Interesse zuwenden.

Vor allem der Jugend selbst. Sie braucht uns. Und sie vergilt es uns, indem sie uns von ihren Eigenschaften abgibt. Wir sehen die Welt mit neuen Augen, nicht mehr halb blind durch die eigene Erfahrung, die ja nie für alle Zeiten Gültigkeit hat, sondern nur für uns und unsere Vergangenheit stimmt. Neue Welten tun sich auf.

Ansichten, die wir noch nie gehört haben, erfahren wir jetzt und können darüber nachdenken. Wir lernen wieder staunen.

Vielleicht sagen wir auch: Halt! Nicht so stürmisch!

Aber hoffentlich nur zu uns. Das wäre das beste Zeichen dafür, dass wir noch immer jung sind.

Küssen

Irgendein großer Schriftsteller hat es sehr drastisch, aber auch sehr treffend beschrieben – jenes Aufeinanderpressen der menschlichen Lippen, die Berührung, das Verschmelzen, das Verweilen.

Und ich möchte gern ein wenig spöttisch, ein wenig unfeierlich beginnen, denn die Gefahren liegen hier allzu nah: das Abgleiten ins Triviale, das Abgleiten auch in den Kitsch, in das Hochtrabende, Pathetische.

Denn all das ist der Kuss, lächerlich, wenn man ihn unbeteiligt betrachtet. Was treibt uns dazu, Lippe auf Lippe zu pressen oder auch nur mit den Lippen eines anderen Menschen Haut zu berühren, zu saugen, zu schmecken. Ein wenig

Ironie täte uns da ganz gut, ein wenig Heiterkeit, denn es gibt einerseits ja Küsse, die sind ihrer Natur nach tödlich und führen zu unabsehbaren Konsequenzen.

Andererseits sieht es so aus, als sei der Kuss überhaupt der erste ernstzunehmende Vermittler zu neuem Leben.

Lassen wir es dabei. Werden wir nicht tiefschürfender.

Den Kuss schöpft niemand aus, es beschreibt ihn auch niemand in all seinen Facetten, in all seinen Folgen.

Begnügen wir uns mit dem Bekenntnis, dass wir ihm (auch ihm! vor allem ihm!) unser höchstes Menschenglück verdanken.

Es war schon der Kuss der Mutter, der unsere Zärtlichkeit weckte, der uns Geborgensein schenkte, der uns überhaupt die ruhige Gewissheit gab, geliebt zu werden. Und wer vergäße je im Leben den allerersten Kuss, den er mit einem Geschöpf des anderen Geschlechts tauschte, die wilde Benommenheit, den geradezu irrwitzigen Seelentaumel der Jugend.

Aber wer vermöchte sich andererseits zu erinnern an all die Küsse, Liebesküsse, Willkommensküsse, Abschiedsküsse, die er in seinem Leben schon gegeben oder empfangen hat?

Nur ein sanftes Berühren der Lippen?

Was wäre unser Leben ohne ihn, ohne den Kuss?

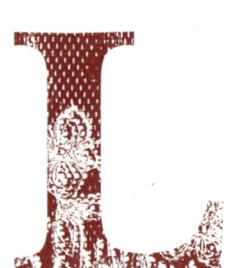

Lesen

Die Schrift war sicher eine der genialsten und wichtigsten Erfindungen der Menschheit. Man kann seine Worte, man kann seine Gedanken aufschreiben. Man hält das Allerwichtigste fest. Man teilt sich einem anderen mit, der es zu lesen vermag.

Gedanken sind nicht mehr an die verfliegende Sekunde gebunden. Sie überdauern die Zeit, nicht nur Stunden, sondern sogar Jahrtausende. Sie überbrücken unendlich weite Entfernungen.

Früher, vor der Erfindung des Telegraphen, des Funks, des Telefons war das geschriebene Wort die einzig mögliche Form, einem weit entfernt lebenden Partner genau und präzise zu sagen, was man ihm mitteilen wollte.

Und er antwortete darauf.

Unsere Kultur ist ganz wesentlich eine Kultur des geschriebenen Wortes. Wochen und Monate saßen die schweigenden Mönche in den Klöstern und malten ihre Initialen, schrieben ihre heiligen Bücher. Dann kam Gutenberg, dann kam der Buchdruck.

Heute sehen wir uns einer nicht mehr zu bewältigenden Flut von Gedrucktem gegenüber. Aber schon, so scheint es, wird das geschriebene Wort durch das Bild verdrängt.

Ganz verdrängt werden kann es nie. Gedanken lassen sich nicht ohne weiteres in Bilder umsetzen.

Lesen schenkt uns das größte Glück. Bücher sind immer für uns da. Sie warten auf ihre Stunde in den Regalen. Man kann sie jederzeit aufschlagen, an jeder Stelle, kann lesen, das Buch sinken lassen, nachdenken, im Lesen fortfahren.

Wer liest, sollte nicht eilen. Es fliegt ja nichts davon. Eine fremde Stimme redet zu uns, sie redet mit uns, und nur wir hören ihr zu. Wir sind mit ihr allein. In aller Stille. Kein Dritter steht zwischen uns.

Wenn ein Buch unser Herz erreicht, dann hat es uns etwas zu sagen, das noch kein anderer zu uns gesagt hat.

Morgen

Der Tag erwacht. Der erste Silberglanz zieht über den Horizont, wird lichter, heller, färbt sich rot, flammt auf: Die Sonne kommt und steigt am Himmel auf.

Ein mystischer Augenblick für alle alten Völker: Ihr Gott war wieder erschienen und beschenkte sie mit seinem Glanz, seiner Gnade und seiner Wärme, mit Fruchtbarkeit und Leben.

Ein Augenblick, der auch für uns besonders ist. Die Nacht, die Dunkelheit liegt hinter uns. Für manch einen waren es vielleicht Stunden der Sorge, Stunden der Schlaflosigkeit, sogar Stunden der Angst. Aber nun ist die Helligkeit wieder da, der Tag ist angebrochen – es ist eine Stunde des Aufatmens, des neu Beginnens.

Ist es Frühling oder Sommer und lebt man auf dem Lande, hört man das Zwitschern der Vögel. In der Stadt ist es der Verkehr, der lebhafter und lauter wird. Keine Zeit mehr zum Schlafen.

Es gibt Morgenmenschen und Abendmenschen. Man kann es sich nicht aussuchen. Nur manchmal ändern sich im Lauf eines Lebens noch die Gewohnheiten.

Mir schien immer, die Morgenmenschen sind die glücklicheren. Auch die Stille der Nacht hat ihren Zauber, gibt Raum und Zeit für Gedanken. Aber die Morgenstunde befreit. Sie macht den Blick klar.

Glücklich, wer sie aus vollem, unbeschwertem Herzen genießen kann. Ihm wird eine der größten Freuden zuteil.

Er steht mit dem Licht auf, und er ist selbst voller Licht. Er freut sich auf den

Tag. Er weiß, dass er all seine Anforderungen meistern wird. Er ist voll Vertrauen und voller Kraft. Er stellt sich ans offene Fenster und tut den ersten tiefen Atemzug.

Wohl dem, der am frühen Morgen voll Freude und ausgeruht aufwachen kann. Ihm wird so leicht nichts misslingen.

Nachgeben

Ein heikles Thema. Denn in Wahrheit liegt in der Nachgiebigkeit die Gefahr der Schwäche so gut wie die Erkenntnis der Stärke.

Oder doch kein heikles Thema, denn die Nachgiebigkeit aus Schwäche, aus der Unfähigkeit, nein zu sagen, ist hier nicht angesprochen, jene Untugend, ja, jene gefährliche, das Selbst zerstörende Eigenschaft ist nicht gemeint.

Sie ist keine Lebensfreude, bringt kein Glück, bereitet vielleicht sogar doppelte Qual: dem Nachgebenden so gut wie der Person, der man nachgibt. Darauf lässt sich kein dauerhafter Frieden gründen, ruht keine Beständigkeit. Es ist im Grunde auch kein Nachgeben sondern ein Aufgeben; seinen Standpunkt, seine Meinung, sogar sein Selbst.

Im echten Nachgeben aber liegt Generosität, Großzügigkeit. Man gibt dem anderen nach, weil man sich seiner Sache sicher und weil man sich seiner Stärke bewusst ist. Man kann es tun, weil man sich nichts vergibt und weil man seiner Sache nichts vergibt.

Gut, sagt man, du sollst deinen Willen haben. Wir tun, was du möchtest, bleibe du ruhig bei deiner Meinung. Es macht mir nichts aus. Ich bleibe, der ich bin, unverletzt und unverletzlich, vielleicht sogar stärker und sicherer als zuvor, weil mein Nachgeben mich nicht verändern kann. Es macht mich glücklich. Ja, es macht mich froh, dir deinen Willen zu tun. Ich bin zufrieden darüber, dass ich es kann.

Sollte ich wirklich nicht mehr in der Lage sein, auf etwas zu verzichten, und sei es nur, unbedingt Recht haben zu wollen?

Ich war nahe daran.

Aber jetzt ist es gut. Ich tue den ersten Schritt auf dich zu und lasse dir das, was du dein Recht nennst. Geh vorsichtig damit um. Recht-haben-Wollen ist ein gefährliches Ding.

Es kann leicht sein, dass man die Güte darüber vergisst. Und ohne Güte möchte ich nicht leben.

Opfern

Ich höre Sie schon protestieren: »Das Opfer, mein lieber Autor, das Opfern gehört nun sicher nicht zu den Lebensfreuden.«

Ich widerspreche. Zunächst einmal: Die Voraussetzung für ein Opfer ist, dass ich etwas zu opfern, etwas abzugeben habe. Es muss ja nicht unbedingt ein materieller Wert sein. Man kann auch seine Zeit oder seine Ruhe oder seine Bequemlichkeit opfern.

Auf jeden Fall gibt man etwas her, was man hatte, was man besaß. Man war, man ist wohl-habend. Man hat etwas, das einem anderen wohl tut, denn würde es ihm nicht wohl tun, würde er das Opfer kaum annehmen.

Die alten Völker brachten den Göttern ihre Opfer dar. Das war nicht immer frei von Selbstzweck und Begehrlichkeit. Sie opferten, um die Götter gnädig zu stimmen, für gute Ernte, für einen Nachkommen, für die Erlösung von Gebrechen und Kranksein.

Das ist, zumindest in unseren Breiten, vorbei. Wir wenden uns mit unserem Opfer dem Mitmenschen zu. In der Regel sind wir auch frei von Hintergedanken, denn sonst wäre es kein Opfer, sondern eher ein Bestechungsversuch, was ja die früheren Götter-Opfer auch ein wenig waren.

Und nun frage ich: Wenn das keine Freude ist, einem anderen ein Opfer bringen zu können, dazu in der glücklichen Lage zu sein – was wäre es dann?

Ich rede bewusst nicht von der Dankbarkeit, die wir ernten, rede nicht von den

»strahlenden Augen« des Begünstigten. Ich rede nur von unserer inneren Freude, die auch eine Freude darüber ist, dass wir das noch können, dass wir noch nicht ein rettungsloser Egoist sind, zu keinem Opfer mehr fähig, sondern – nun, eben!

Pfeifen

Ist es Ihnen schon aufgefallen?

Die Menschen pfeifen nicht mehr. Pfeifen, jene Kunst, durch die leicht gerundeten, etwas vorgewölbten Lippen mittels seines Atems melodische Töne zu erzeugen, jene fröhliche, heitere, unbeschwerte Kunst scheint aus der Mode gekommen zu sein.

Wo ist der »Berliner Schusterjunge« früherer Tage, der pfeifend durch die Straßen zieht; wo ist der Anstreicher, der pfeifend seine Wände malt; wo ist die Hausfrau, die pfeifend ihren Teppich saugt?

Es mag sie wohl noch geben, aber mir sind sie schon lange aus den Augen und – noch viel länger – aus den Ohren gekommen. Vielleicht liegt es daran, dass wir alle kaum noch laufen, sondern mit dem Auto fahren.

Vielleicht aber ist uns das Pfeifen einfach vergangen. Wir sind zu ernst, zu gesetzt dafür geworden, sind zu sehr voller Wichtigkeit und nehmen uns und unsere Probleme zu ernst. Wir wollen uns selbst verwirklichen. Unsere Identität finden. Da passt es nicht, vergnügt zu sein.

Denn mehr noch als zum befreienden Singen gehört zum Pfeifen eine ganz und gar heitere Grundstimmung.

Pfeifen ist Ausdruck der Freude. Wer pfeift, schämt sich seiner mäßigen Stimme nicht, wie beim Singen. Man braucht weder schön noch ausdrucksvoll zu pfeifen. Es bedeutet ja auch nichts weiter, man erntet – in der Regel – weder Beifall noch Tadel dafür.

Pfeifen ist Selbstzweck. Man ist glücklich. Deshalb pfeift man.

Die Vergnügtheit sitzt tief innen, man ist ganz erfüllt von ihr. Mit Pfeifen lässt man Luft ab. Man würde sonst vielleicht zerplatzen vor Fröhlichkeit.

Es ist Jahre her, da hörte ich in Amsterdam in einem Durchgang, wo es besonders schön widerhallte, die Kinder pfeifen. Es machte auch mich froh.

Ich wünschte, wir würden wieder alle mehr pfeifen. Die Welt würde ein kleines bisschen heiterer werden.

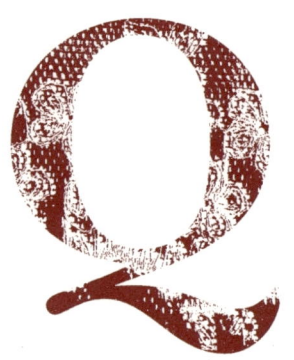

Quatschen

Ich will ehrlich sein: Das Wort steht nur da, weil es das Alphabet verlangt. Ich schäme mich ein wenig seinetwegen. Wie kann man so etwas ganz und gar Törichtes wie »Quatschen« zu den Lebensfreuden zählen?

Man kann!

Jene Fähigkeit, sich so recht von Herzen gehen zu lassen, überhaupt keine Rücksicht zu nehmen (und nehmen zu müssen!) auf Geist, Klugheit, tieferen Sinn, Bedeutung – sie zählt sehr wohl zu den schönen Dingen des Lebens.

Tag für Tag, Stunde für Stunde ist unser Kopf im Einsatz, fast immer ist der Verstand angespannt wie ein Gummiseil, wenn wir mit anderen Menschen zusammen sind, miteinander reden. Da wollen wir Wichtiges sagen, wollen anerkannt werden, da möchten wir uns keine Blöße geben, nicht zugeben, dass wir etwas nicht ganz so genau wissen, wie ein anderer oder wie wir glauben, es wissen zu müssen, um als ein kluger Kopf zu gelten.

Und nun geschieht das Wunder, dass wir dies alles gar nicht mehr brauchen. Wir sind unter guten Freunden, wir sind mit einem uns sehr vertrauten Menschen zusammen, der uns so gut kennt (und wir ihn), dass man sich nicht mehr zu verstellen braucht. Nun kann man das Seil der künstlichen Anspannung locker lassen. Es schnurrt zusammen. Ganz locker hängt es und baumelt hin und her:

Man quatscht. Und man lässt den anderen quatschen. Über alles. Über jedes und jeden. Man quatscht und lacht über das Gequatschte.

Kinder können das von Natur aus. Quatschen gehört zu den fröhlichen Naturtrieben des Menschen. Uns Erwachsenen fällt es schwerer. Aber wenn wir einmal loslassen – dann, ja, dann kann man auch sicher sein, dass man in der allernettesten Gesellschaft ist.

So sonderbar es klingt: Wenn zwei Menschen ganz ungehemmt miteinander quatschen können, kann dies der sicherste Beweis dafür sein, dass sie sehr vertraut miteinander sind. Auch im Ernst.

Reisen

»Nur Reisen ist Leben, wie umgekehrt das Leben Reisen ist«, sagte einst Jean Paul. Es gibt eine Fülle von Sprichwörtern oder klugen Aussprüchen über das Reisen. Wir Deutschen gehören zu den reiselustigsten Völkern der Erde. Schon unsere Vorfahren sind zu Tausenden aufgebrochen und in den Süden gereist. Aus den Völkerwanderungen sind inzwischen Völkerreisen geworden.

Was ist das für ein seltsamer Trieb, für eine Gier, für eine Neugierde, die uns dazu treibt, unser gemütliches Heim zu verlassen und alle möglichen Unbequemlichkeiten auf uns zu nehmen, nur um an einem anderen Ort dann doch wieder auch nur zu essen, zu trinken und zu schlafen?

Ja, es ist Neugier. Die Lust, ganz andere Bilder zu sehen. Die Freude, unter einer anderen Sonne zu stehen. In einer anderen, vielleicht weicheren, vielleicht auch raueren Luft andere Gerüche zu atmen, andere Menschen sprechen zu hören – sogar die Lust, nicht alles zu verstehen – verstehen zu müssen!

Wir wissen, dass wir nur einmal leben, nur einmal auf dieser schönen Welt sind. Wir wissen, dass sie überall anders, an vielen Orten wunderschön ist. Wir möchten es gesehen haben. Auch einmal dort gewesen sein, mit allen Sinnen, mit dem ganzen Geist und mit dem ganzen Körper.

Wer reist, geht fort und kommt an. Wer reist, betritt neue Räume. Der neue Raum, die neue Umgebung fordern ihn. Verlangen seine ganze Aufmerksamkeit. Daher ist Reisen ein so vorzügliches Mittel gegen Schwermut und Traurigkeit. Es zieht unsere Aufmerksamkeit von uns selbst ab und richtet sie auf etwas anderes.

Wer richtig reist, kann sich nicht mit sich selbst beschäftigen. Er muss auf ein Neues reagieren. Das ist wie ein frischer Wind, ein neuer Blick auf die Dinge, auch auf die eigenen Probleme.

Man kann sich dann gern darüber streiten, was am Reisen das Schönste ist: das Abfahren oder das Wieder-zu-Hause-Ankommen.

Sehen

Wem kämen sie nicht sofort in den Sinn, Gottfried Kellers Verse:

Trinkt, 0 Augen, was die Wimper hält, von dem goldnen Überfluss der Welt.

Oder Goethes Lied des Türmers aus dem Faust:

Ihr glücklichen Augen, was je ihr gesehn, es sei wie es wolle, es war doch so schön!

Ein Lobpreis des Sehens. Wobei es dahingestellt sein mag, ob wirklich alles, was wir in unserem Leben zu sehen bekommen, sehen müssen, so schön ist. Unsere Generation ist da wohl etwas skeptischer geworden.

Aber der Augenfreuden bleiben ja genug, fast möchte man sagen: übergenug, zu viel, in einer reizüberfluteten Welt.

Es ist so viel geworden, was wir sehen und zu sehen gezwungen werden, dass wir in Gefahr geraten, das wirkliche Sehen zu verlernen.

Das wirkliche Sehen: Das hieße, sich ganz geduldig einlassen auf einen einzigen Gegenstand, auf seine Farben, Formen, auf seine Linien, seine Strukturen, Winkel, auf seine Lichter und Schatten. Sehen, was etwas ist, woraus es ist, warum es so ist, wie es ist; sehen, was etwas bedeutet, was es uns bedeutet.

Die Welt ist unser, so weit unsere Augen jeweils reichen. Auf der Erde. Am Himmel gelten andere Gesetze. Aber so weit wir auf Erden sehen können, so weit können wir auch wandern. Dort können wir gleich oder später einmal sein, das »gehört« uns.

Sich sehend einlassen auf die Welt, das bedeutet, ihrer Wunder und ihrer

Vielfalt gewahr werden. Das Sehen überbrückt die Entfernungen und erlaubt uns das behutsamste Erfassen. Um zu sehen, brauchen wir nichts zu berühren, nichts zu betasten, nichts mit plumpen Händen zu zerstören.

Was wir betrachten, spürt nichts von unserer Betrachtung. Wir halten es mit den Augen und sind doch gnädig mit ihm, indem wir es lassen, wie es ist.

Über das Anschauen der Dinge, das ein Anschauen des Erschaffenen ist, schauen wir die Schöpfung.

Und mancher möchte sagen: schauen wir Gott.

Schweigen

Über das Schweigen zu schreiben – das ist ein Widerspruch in sich selbst. Man sollte die Seite leer lassen, ganz weiß und rein, und man sollte es dem Leser, der hier ein Beschauer wäre, überlassen, sich selbst seine Gedanken zu machen.

Aber wir sind inkonsequente Geschöpfe und tun nicht, was wir sollten. Und so reden wir über das Schweigen, und wir reden darüber, wie beredt das Schweigen sein kann, vielsagend, wo doch eben nur Stille ist, die Stille zwischen Menschen oder auch die Stille mit sich selbst.

Unsere Gedanken schweigen ja eben nie. Vielleicht, wird man mit Recht einwenden, ist jenes ungeordnete Wirrwarr in unseren Hirnwindungen kein wahrer Gedanke, denn Gedanken sind eine klare, logische Folge von Aussprechbarem und Nachprüfbarem.

Es bleibt aber doch wahr, dass es in unserem Schweigen niemals den Zustand der vollkommenen Leere gibt, und auch, dass das Schweigen jener unsichtbare Raum ist, in dem wir unsere Gedanken ordnen und uns auf die Suche nach uns selbst begeben können. Die hohe und bereichernde Kunst der Meditation ist undenkbar ohne vollkommenes Schweigen, ohne jenes In-sich-selbst-zur-Ruhe-Kommen, aus dem wir wieder Kraft schöpfen können.

Weise Lehrer aller Völker verordnen ihren Schülern das Schweigen, für Stunden, für Tage, für längere Zeit.

Vielleicht sollten wir es uns selbst zur Pflicht machen, mindestens einmal am

Tag kurze Zeit ganz bewusst zu schweigen, vorausgesetzt, wir machten es uns gleichzeitig zur Aufgabe, dann intensiv in uns hineinzuhören, um zu erfahren, wer wir wirklich sind, wo wir herkommen und wohin wir aufbrechen möchten.

Schweigen nicht als Sprachlosigkeit aus Gedankenarmut, nicht als hilfloses Verstummen, sondern als prüfende Sonde in die Tiefe unseres Ichs.

Schweigen, damit wir nicht geschwätzig werden, schweigen, damit unser nächstes Wort wieder Gewicht hat.

Trinken

Wir begeben uns auf schwankenden Boden. Wer könnte leugnen, dass ein gutes Getränk zu den größten Genüssen unseres Menschenlebens gehört. Nicht nur zu den Genüssen: zu den absoluten und unabdingbaren Lebensnotwendigkeiten.

Dies gilt sogar, wenn auch eingeschränkt, für alkoholische Getränke, die unsere Spannung lösen, uns in eine heitere Gemütsverfassung versetzen können. Allerdings nur – aber warum sattsam Bekanntes wiederholen –, wenn wir das rechte Maß einzuhalten wissen. Sonst wird dieses Trinken zum tödlichen Fluch.

Wie viel ist schon zum Lobe des Weines gesagt und gesungen worden! Besonders die Dichter waren geradezu versessen darauf, ihn zu preisen, und die alten Völker unterstellen ihn einem eigenen Gott: Bacchus.

Als ob es nur den Wein gäbe! Die Chinesen sind nicht denkbar ohne ihren Tee, die Araber und Südamerikaner nicht ohne den Kaffee. Bei uns hält sich deren Beliebtheit wohl die Waage.

Bei den Griechen stand und steht das klare Wasser in höchster Gunst. Und vielleicht sollten wir es wirklich am höchsten preisen. Es ist die Ursubstanz allen Lebens.

Wir wären nicht ohne Wasser, wir kommen aus dem Wasser, wir bestehen zum größten Teil aus Wasser und wir können nicht sein ohne Wasser.

Aber wo ist sein Gott? Wenn es ihn gibt, hält er sich sehr im Hintergrund, macht kein Aufhebens von sich. Es gibt Poseidon, den Gott des Meeres, der

Ozeane; es gibt Götter des Regens und Nymphen in Quellen – aber ein Gott des einfachen, klaren Wassers?

Ich kenne keinen.

Wir sollten ihn schleunigst erschaffen, auf dass uns das Wasser nicht ausgehe. Und wir sollten ihm Altäre der Reinheit errichten und dafür sorgen, dass sie rein bleiben.

Denn wer wüsste nicht, dass nichts köstlicher ist als der erste Schluck klaren Wassers nach langer, heißer Wüstenwanderung und dass es uns dem Leben zurückgibt: das Trinken.

Unterhaltung

Ein vieldeutiges Wort. Was ist gemeint? Dass wir uns von einem Buch, von einem Film, von einer Komödie unterhalten lassen?

Oder dass wir uns mit anderen unterhalten?

Vielleicht ist beides gemeint. Denn Unterhaltung ist Antwort geben. Selbst wenn wir im Theater nur stumm zuschauen, gibt unser Geist doch Antwort, er nimmt teil, bejaht, verneint, wird angeregt.

Wo nicht, langweilen wir uns, wir unterhalten uns nicht.

Die andere, vielleicht die bessere Art der Unterhaltung ist das Gespräch. Im Hin und Her der Worte und Meinungen werden wir gefordert und fordern wir selbst.

Sogar die oberflächlichste Form der Unterhaltung – ach, wie erholsam kann sie sein! – ist eine Berührung, ist der Kontakt mit einem anderen. Dass wir Menschen die Sprache haben, zeichnet uns vor allen anderen Geschöpfen aus. Wir können uns mitteilen. Wir können aus dem Innersten unseres Gegenübers Antwort erhalten. Wir können hören, was er denkt, fühlt, was er leidet und hofft. Und er kann es von uns erfahren.

Unterhaltung, das Miteinander-Sprechen, verbindet uns, es löst die Einsamkeit auf, erfüllt sie mit Gefühlen, Gedanken und Bildern, versetzt uns in andere Welten.

Es lässt uns sowohl erkennen, dass wir anders sind als ein anderer Mensch, aber es zeigt uns auch, dass er im Grunde dann doch nicht so unterschiedlich ist. Er mag anders denken als wir, aber er denkt. Er findet anderes gut oder schlecht, aber er empfindet und hat eine Meinung. Unsichtbar zieht das Gespräch, ziehen die Worte Fäden von ihm zu uns, hin und her. Im Glücksfall werden wir davon vollkommen eingesponnen. Und sind wir selbst ein guter Unterhalter, so spinnen wir ein.

Eine gute Unterhaltung wirkt lange nach. Es ist nicht nur, dass wir gerne daran zurückdenken und sie in Gedanken weiterführen.

Sie hat auch unsere Seele bewegt, und vielleicht ein wenig verändert, sogar bereichert.

Versuchen

Wir stehen vor einer Tür. Wollen wir sie öffnen? Was finden wir hinter ihr?

Ist es uns vielleicht verboten, die Tür zu öffnen, so wie es Eva verboten war, vom Baum der Erkenntnis zu essen? Aber sie hat den Apfel doch versucht – und die Folgen kennen wir ja.

Dieses Wissen könnte uns abschrecken. Tatsächlich hat »Versuchen« ja auch mit Versuchung zu tun. Wir werden versucht, etwas zu tun, das wir vielleicht besser lassen sollten, weil es uns zum Unheil geraten könnte.

Trotzdem sollten wir es tun.

Mit aller Vorsicht. Oder mit einer gewissen Einschränkung. Ich meine die Versuchung seiner selbst, die Selbst-

Verführung zu etwas Neuem, zu etwas anderem.

Wir sollten versuchen, neue Türen zu öffnen, sie aufzustoßen: in uns selbst. Wir sollten nicht nur versuchen, wir sollten in uns suchen, was noch in uns steckt. Dieses Wesen, das wir sind, ist ja so überaus reich, so überaus vielfältig. Haben wir uns wirklich schon ganz erprobt, schon ganz ausgeschöpft.

Lebensglück erzeugt man, indem man sich fordert. Indem man etwas versucht.

Wer versucht, sagt nicht schon vorher: Das kann ich nicht. Wer versucht, beginnt. Und die Dinge haben ihre eigene Kraft. Diese Kraft trägt weiter. Wir müssen nur auch weitermachen und uns nicht entmutigen lassen. Zeichnen lehrt Zeichnen, Malen lehrt Malen, Schreiben lehrt Schreiben. Fähigkeiten werden erworben. Genie ist vor allem auch Fleiß.

Fleiß beginnt mit dem Versuch. Genie beginnt mit dem Versuch. Wir nutzen kaum einen Bruchteil unserer Begabungen. Wir können nie wissen, wie gut wir sind, wenn wir es nicht versucht haben. Es lohnt immer den Versuch, neu anzufangen. Vielleicht werden wir keine Genies, aber reicher und geformter werden wir immer.

Am Anfang auch der Schöpfung standen vielleicht weder das Wort noch die Tat:

Am Anfang war der Versuch.

Wünschen

Ich wünsche mir, dass ich nie das Wünschen verlerne – so könnte ein Weiser gesagt haben. (Vielleicht hat es einer gesagt.)

Warum? Weil wir nur leben, wenn wir noch Hoffnungen haben. Und die haben wir, solange wir uns etwas wünschen. Der Wunsch ist geradezu der Gradmesser unserer Lebensfreude. Wenn wir uns nichts mehr wünschen, sind wir gestorben, haben wir uns selbst aufgegeben.

Unsere Wünsche wandern uns voraus. Sie wandern? Nein, sie fliegen. Sie sind wie Harpunen mit Widerhaken, die sich im Morgen verankern und an denen wir uns in eine bessere Zukunft hinüberziehen.

Aber man verwechsele das Wünschen nicht mit dem Habenwollen!

Nicht auf das Bekommen kommt es an, nicht auf den Besitz, nicht einmal auf die Erfüllung der Wünsche. Der Wunsch, dieser vertrackte Geselle, lebt zwar von der Sehnsucht nach der Erfüllung. Aber wehe, wenn er sie hat. Die Erfüllung ist sein sicherer Tod.

Schön ist es, wenn man den Wunsch um seiner selbst willen lieben lernt. Er hat so viel eigenes Gewicht. Er befreit von Kummer, er befreit von Sorgen, er vertreibt Schwermut (denn Schwermut ist ja gerade, dass wir nichts mehr wünschen, nichts mehr hoffen, uns an nichts mehr freuen können).

Wünschen bedeutet, ein Glück in der Zukunft suchen und seine Wärme in der Gegenwart spüren.

Viel mehr dürfen wir nicht erwarten.

Viel mehr aber bedarf es vielleicht nicht einmal.

Der Wunsch will das Schönere, das Bessere, den schöneren Zustand. Und ist doch der schönste Zustand selbst. Er hat – das hat man sicher schon bemerkt – nichts mit Begehrlichkeit zu tun. Der Wunsch ist ja auch für andere da, die Begehrlichkeit nie. Auch für den Freund, die Geliebte, den Mitmenschen wünschen wir.

Und indem wir etwas fest und innig wünschen, sind wir erfüllt. Vielleicht nur von dem Wunsch selbst, vielleicht aber auch, und das wäre dann das Schönste, vielleicht aber auch von Glück.

Zärtlichkeit

Zärtlichkeit: Es gibt kaum ein schöneres Wort im Deutschen, allein deswegen müsste man sie lieben, unsere Sprache, die doch oft so hart ist, so barsch, so rüde.

Aber Zärtlichkeit! – das kommt so erkennbar, so unverhüllt von Zartheit, vom Sanften, Behutsamen, Liebevollen.

Der Zärtliche hat weiche Hände (selbst wenn sie rau sind), ich meine, er bringt es fertig, selbst mit rauen, vom Leben und der Arbeit hart gewordenen Händen noch sanft zu streicheln.

Er kann nicht anders, denn sein ganzes Wesen ist zärtliche, ist zarte, ist liebevolle Zuwendung.

Ich bin da, sagt er leise, ich bin da und bin dir gut. Du kannst dich an mich lehnen und bist geborgen. Ich bin nicht stürmisch. Ich bin nicht leidenschaftlich. Ich will nichts von dir. Ich verlange nichts von dir.

Ich lasse dich sein, wie du bist. Und wie du bist, so will ich dir wohl.

Vielleicht vermeidet er sogar das Wort Liebe. Es ist ihm zu lebensschwer, zu schicksalhaft.

Zärtlichkeit ist sanfte Berührung, nicht stürmische Umarmung. Zärtlichkeit ist aber auch Dauer, sie wallt nicht auf, sie ist keine lodernde Flamme, sie verbrennt nichts, sie lässt nichts verkohlt zurück, sie ist immer da, als milde Wärme.

Sie ist noch mehr in der Stimme als im Wort, ist noch mehr im Blick als im (prüfenden) Anschauen.

Sie greift nicht zu, aber sie ergreift alles, sie eigentlich erst macht die Liebe zum wahren Glück, diese sanfte Gewalt.

Max Kruse (1921 in Bad ⌐
Saale geboren) konnte sein ⌐
Jena wegen des Krieges nicht ⌐
Nach der Enteignung in der DDR ⌐
te er die Puppenwerkstätte seiner Mutte⌐
Käthe Kruse in Westdeutschland wieder
auf. Bekannt wurde Max Kruse neben
zahlreichen Romanen, Reise- und Sach-
büchern vor allem durch Kinder- und
Jugendbücher wie Der Löwe ist los und
Urmel aus dem Eis.
Max Kruse erhielt das Bundesverdienst-
kreuz und bekam im Jahr 2000 den Gro-
ßen Preis der Deutschen Akademie für
Kinder- und Jugendliteratur verliehen.
Heute lebt der Autor zusammen mit
seiner Frau, der chinesischen Musikerin
und Malerin Shaofang, im Loisachtal.
Besuchen Sie unseren Autor auf seinen
Websites www.max-kruse-urmel.de oder
www.max-kruse-lesen.de!

Ein großartiger Bestseller-Autor schenkt uns ein wunderschönes Buch über die Kraft des Wünschens.

MAX KRUSE
Das silberne Einhorn
Eine Geschichte vom Wünschen
144 Seiten
11,5 x 18,5 cm
Gebunden mit Schutzumschlag
€ 16,- /sFr 24,50
ISBN 978-3-85179-156-3

Ein wunderschönes kleines Buch! Eine Geschichte, die einfach und klar ist wie ein Märchen und sich deswegen an Erwachsene richtet, die auch „Der Kleine Prinz" bezaubert: Ein Prinzessin auf Heldenreise, mehr braucht Kruse nicht, um die großen Fragen des Lebens zu beantworten.

ANGELA WITTMANN/BRIGITTE

Ein zauberhaft leichtes Märchen von einem traurigen König und seiner mutigen Tochter.

SÜDDEUTSCHE ZEITUNG

ISBN 978-3-85179-186-0

© 2012 Thiele Verlag in der
Thiele & Brandstätter Verlag GmbH,
München und Wien

Umschlaggestaltung: Christina Krutz Design, Riedstadt
Layout und Satz: Christine Paxmann ✦ text ✦ konzept ✦
grafik, München
Druck und Bindung: Kösel, Altusried-Krugzell

www.thiele-verlag.com